Barbara Birk

Einmal stoppen, sich mal umdrehn

Graphische Gestaltung und Illustrationen von Astrid Birk

Impressum

Barbara Birk,
Einmal stoppen, sich mal umdrehn,
Gießen 2001

© Alle Rechte liegen bei der Autorin
E.Mail: BarbaraBirk@lycos.de

Covergestaltung und Illustrationen: Astrid Birk

Herstellung: Books on Demand GmbH, Norderstedt

Die Deutsche Bibliothek CIP Einheitaufnahme

ISBN 3-8311-2953-3

Inhalt

Inspiration

Ich hole mir meine Inspiration,
an ganz verschiedenen Stellen.
Ich gehe dort hin und zapfe sie an,
die unergründlichen Quellen.

Ich hole mir meine Inspiration,
auch oft aus der tiefsten Seele,
ich finde den Weg und grabe in mir,
auch wenn ich dabei mich sehr quäle.

Ich hole mir meine Inspiration,
auch häufig am Leben umher.
Ich spüre sie auf und nehme sie mit,
und hätte oft gern etwas mehr.

Ich hole mir meine Inspiration,
aus Liebe zum Schreiben beseelt,
und wenn ich sie nicht mehr finden kann,
habe ich trotzdem mein Ziel nicht verfehlt.

Alle

Jahre

wieder...

Frühlingserwachen

Frühlingserwachen!
Jetzt fängt es an.
Jetzt kommen die Pinsel und Farben dran.

Frühlingserwachen!
Hörst du den Ton?
Ja ,es klingt laut, wie aus dem Megaphon:

Natur an Gott!
Lass die Pflanzen schnell wachsen.
Es ist Mitte April, keine Zeit mehr für Faxen.

Natur an Gott!
Lass Kraft mir gedeihen.
Ich hole alles heraus, aus den eigenen Reihen.

Natur an Gott!
Lass jetzt Leben entstehen.
Lass mich schnell und voller Kraft auf den Sommer
zugehen.

Frühlingserwachen – von Zauberhand!
Frühlingserwachen – zieht über das Land!

Magnolienbaum

Liebesgeflüster unter einem Tulpenbaum,
berauschende Düfte, ein phantastischer Traum.
Der Magnolienbaum hebt seine Krone und lacht,
es ist immer das gleiche, wird vom Frühling entfacht.

Herrliche Blütenpracht an diesem Tulpenbaum,
ein göttlicher Anblick, doch nur ein kurzer Traum.
Gelöstes Erwachen, von einer Windboe entfacht,
und der Baum ist entblättert, ganz plötzlich bei Nacht.

Kurzes Schauspiel alljährlich am Magnolienbaum.
Pracht - und prunküberladen, doch dann hält es kaum.
Und der Tulpenbaum hebt seine Krone und lacht,
es ist, wie es ist, hat sich Gott ausgedacht!

Ostern

Ostereierverstecken – Vergangenheit?
Ich glaube nicht – der Brauch der bleibt.
Trotz Fernsehreklame, Geschenkewahn,
ist am Ostereiersuchen etwas Spannendes dran.

Heute sind es Computerspiele, brandneu,
dreidimensional oder Barbiepuppenzubehör,
wer die Wahl hat, hat die Qual!

Doch der Sieger bleibt der Hase, am liebsten innen hohl,
den isst man dann in Stücken, meist sehr phantasievoll.
Fängt man unten an, hat man die Ohren am Schluss.
Oder bringt er andersherum gegessen den größeren Genuss?
Oder bricht man ihn in Stücke, teilt ihn die Osterfeiertage
auf?
So lange sollte er halten, aber den Plan gibt man schnell
wieder auf.
Warum auch? Hat man ihn bis mittags gegessen, kann man
ja spätestens nächstes Jahr Ostern wieder seine
Stärke mit ihm messen!

Ostereierverstecken – Vergangenheit?
Ich glaube nicht, der Brauch der bleibt!

Herbstanfang

Die Regentropfen prasseln,
auf die Erde nieder,
als wären es tausend Rasseln,
die spielen ihre Lieder.

Der Regen fällt von oben,
noch lau von Sommerluft,
die Menschen ihn jetzt loben,
nach langem, heißem Duft.

Nach heller, warmer Sonne,
die Sommerhitze bringt,
ist es nun eine Wonne,
wenn es nass vom Boden springt.

Die Regentropfen fallen,
die Bäume fangen sie,
man hört die Blätter hallen,
versteht die Rhapsodie.

Nach glitzernd, heißem Flimmern,
wird nun die Welt geweckt,
der Regen lässt sie schimmern,
der Herbst ist angeeckt.

November

Novemberstimmung, Melancholie,
zieht durch die Menschen, vergisst es nie!
Novemberstürme, am Meer – Orkan,
der Kampf der Elemente fängt jetzt an.

Novemberregen, sehr nass und kalt,
platzt jetzt oft nieder, mit hoher Gewalt.
Novemberlichter, ein alter Brauch,
spricht von Leben und Tod, vom letzten Hauch.

Novemberblätter, ihr Flug im Wind,
die letzten Zeugen des Sommers sie sind.

Novemberstimmung, Melancholie,
zieht auch durch mich durch,
vergisst mich nie!

Schneeflockes Flug

Will ich hierhin, will ich dorthin?
Oder falle ich runter?

Mach ich's langsam, ganz beschaulich?
Oder werde ich munter?

Flieg ich höher, immer höher?
Oder drehe im Kreise?

Wie auch immer ich entscheide,
stets passiert es leise!

*** Liebe ***

Jetzt bist du da

Ich schau dich an, sofort ist klar,
jawohl das ist es, jetzt bist du da.
Ich wollte nicht lieben, hatte Angst etwas zu vergeben,
wollte frei sein für mich, wollte leben mein eigenes Leben.
Wie ein Blitz aus heiterem Himmel, sah ich dich vor mir
stehen,
meine ganze Lebensplanung sollte jetzt zum Teufel gehen -
und ich lasse es auch noch geschehen!

    Was soll ich machen,
        wie schütz ich mich?

    Meine Kraft reicht nicht aus,
        ich komm nicht an gegen dich!

Ich wollte ich selbst sein, mir allein nur gehören,
ließ mich auf keinen Fall - je von irgendjemandem
betören.
Da kamst du, tratst in mein Leben.
Verdammt, wo bleibt denn jetzt mein Mut,
muss sich das denn so ergeben?

    Verflixt - ich liebe dich - und das tut gut!

Liebe

Wenn du nicht gehst,
aber schwebst,

nicht singst,
aber jubilierst,

nicht denkst,
sondern träumst,

dann bist du verliebt!

*** Halte es ganz fest,

denn etwas Schöneres gibt es nicht!

Unendliche Liebe

Wenn vor unserer Zeit wir verliebt einmal waren,
dann war diese Liebe sehr tief.
Sie hielt durch Epochen, und schon warst du da,
als der Zeitpunkt kam, als ich dich rief.

Wenn vor unserer Zeit schon mein Herz für dich schlug,
dann war ich bestimmt sehr verliebt.
Das glaube ich deshalb, weil, ich dich dann trug,
durch die Zeit, weil es dich noch gibt.

Wenn vor unserer Zeit schon Verliebte wir waren,
dann träumten wir weit im voraus.
Das glaube ich deshalb - denn manchmal denke ich,
wir leben den Traum endlich aus.

Liebe ist...

Das ist die Sonne, verstreut über die Welt.
Das ist der Regen, der vom Himmel fällt.
Das ist das Feuer im Kamin entfacht.
Das ist der Wind, der über uns lacht,
Du bist genug nun durch die Welt gehetzt,
in meinem Herzen hast du den Platz besetzt.

Denn du bist da,
          hast mich erreicht.

Du bist am Ziel,
          das dem Himmel gleicht!

Liebe ist...

Liebe gegen deinen Willen.
Liebe im unpassenden Moment.
Liebe fragt nicht nach Situationen,
kommt über dich, wenn es ihr gefällt.

Du fliehst nur vor dir selber,
doch das hat keinen Sinn,
denn was du spürst, das hast du
ganz tief dort in dir drin.

Magst du noch so schnell laufen,
du läufst nicht davor weg,
denn irgendwann dann merkst du
das hat doch keinen Zweck.

Liebe gegen deinen Willen.
Liebe im unpassenden Moment.
Liebe kann auch vieles verändern,
dreht dich herum, wenn es dir gefällt!

Feuer im Kamin

Feuer, Feuer im Kamin,
erinnert mich an eine Liebesnacht mit dir!
Das Spiel der Flammen, auf unseren Körpern,
ist ein Beweis deiner Liebe zu mir!
Das Knistern des Holzes in meinen Ohren,
das ist für mich wie Musik aus einer fernen Welt.
Und der Geruch nach dem Verbrannten
verbindet mich mit deiner Leidenschaft.
Denn diese heiße Nacht vor längst vergangenen Zeiten,
behielt so lange, ja. so lange ihre Macht.
Wir trafen uns und waren verloren,
und trennten uns, um in die Freiheit zu entfliehen.
Wir hatten Angst vor einer Bindung,
und in der Liebe unser „ ich" zu verlieren.
So rannten wir und merkten nicht,
dass wir dem Zauber nicht entrinnen können,
denn überall wohin wir laufen, da gibt es Feuer, ja
Feuer im Kamin...

Ich kam zurück und suchte dich,
denn ich weiß jetzt, dass es für mich kein Entrinnen gibt.
Ich glaube, bei dir ist das genauso.
Das ist der Preis für diesen Zauber einer Nacht,
der unseren Willen brach im Strudel der Gefühle.
Denn überall wohin wir laufen, da gibt es Feuer, ja
Feuer im Kamin...

Weil wir Zeichen verstehen

Zwischen uns beiden, da herrscht ein Gefühl.
Das wird mir immer zeigen, warum ich dich will.
Zwischen uns beiden konnte Liebe entstehen,
weil wir Zeichen sehen können –
weil wir Zeichen verstehen!

Zwischen uns beiden, da ist nicht nur Harmonie.
Reicht die Luft grad für uns beide, nicht zu wenig, nicht zu viel.
Zwischen uns beiden konnte Liebe entstehen,
weil wir Zeichen sehen können –
weil wir Zeichen verstehen!

Zwischen uns beiden springen Funken hin und her.
Weil ich dich achte, darum liebe ich dich sehr.
Zwischen uns beiden konnte Liebe entstehen,
weil wir Zeichen sehen können –
weil wir Zeichen verstehen!

Zwischen uns beiden, da ist alles, was ich will.
Da ist alles, was ich brauche, manchmal ist es fast zu viel
Zwischen uns beiden konnte Liebe entstehen –

Weil wir Zeichen sehen können –
weil wir Zeichen verstehen!

Rolle des Lebens

Wir lieben uns jetzt schon seit ziemlich vielen Jahren
und sind so verbunden!
Doch tief im Herzen quält uns immer noch die Frage,
sie ist nie verschwunden.

Liebt sie mich wirklich, was bin ich für sie?
Ist sie erfüllt von mir?
Oder spielt sie gar die Rolle ihres Lebens?

Liebt er mich wirklich, was bin ich für ihn?
Ist er erfüllt von mir?
Oder spielt er gar die Rolle seines Lebens?

Im Laufe der Jahre rückt man langsam immer enger.
Gedanken nähern sich fast zur Perfektion.
Was der eine ausspricht, hat der andere längst erkannt,
und trotzdem bleibt die Frage immer eingebrannt.
Wir hoffen, eines Tagen kennen wir die Antwort,
und diese Frage brauchen wir nicht mehr zu stellen.
Vielleicht reicht dann, wenn wir uns einfach sagen:

Sie liebt mich wirklich, ich bin alles für sie!
Er liebt mich wirklich, ich bin alles für ihn!

Liebe und Toleranz

Liebe und Toleranz habe ich zu verschenken.
Liebe und Akzeptanz ist sehr schwer zu lenken.
Liebe und Toleranz, das ist das Leben,
darum ist der erfüllt, der bereit ist beides zu geben.
Ich glaube fest daran, weil nur das,
das Geheimnis des Lebens sein kann!

Liebe, das ist der Kampf, den täglich wir bestehen,
der uns erreichen lässt völlig unbekannte Höhen.
Liebe, das ist das Leben, schmerzhaft und doch
unbeschreiblich schön.
Liebe, das ist die Chance, in sich selber aufzugehen.

Toleranz ist der Strahl, um die Liebe darauf zu leiten.
Ohne diese Akzeptanz, würde sie sehr schnell entgleiten.
Liebe, das ist die Macht, manches Böse zu besiegen.
Toleranz gibt die Kraft in die Liebe aufzufliegen.
Ich glaube fest daran, weil nur das,
das Geheimnis des Lebens sein kann!

Kreislauf der Liebe

Vor ein paar Jahren, da war für mich klar,
Liebe macht glücklich, doch – ist das auch wahr?
Heute, da spüre ich, Liebe lässt leiden.
Unerfüllte Sehnsucht kann Seelen zerschneiden.
Gequälte Seele, die aufschreit ohne Ton,
lacht nur ironisch, lacht voller Hohn.
Liebe macht glücklich, da kann ich nur lachen,
Liebe ist schmerzhaft, kann ein Drama entfachen.

Doch – Liebe erfüllt das Innere, so oder so,
heute mit Trauer morgen macht sie froh.
Liebe lässt sich nicht in Schubladen stecken,
ist viel zu kantig, hat zu viele Ecken.
Liebe versucht ihren Weg zu finden.
Durch Kälte und Gemeinheit sieht man sie sich winden.

Doch trifft sie auf Liebe, hat einen schönen Platz gefunden,
dann lässt sie sich nieder, hält fest dort die Stunden.
Dann macht Liebe glücklich, die Zeit bleibt stehen,
mehr noch -
mich lässt sie um Jahre zurück wieder gehen!

Sternstunde

Ich treffe dich – was ist geschehen?
Ich hab den Morgenstern gesehen.
Ich schau dich an, mir wird ganz flau.
Mein Gott – was bist du für eine Frau!

Ich drehe mich um, ich will es nicht sehen.
Zu spät, es ist um mich geschehen.
Ich werde ganz groß, ich mache mich stark.
Verdammt noch mal, wie ich dich mag!

Ich drehe mich, ich wende mich.
Schon habe ich in den Händen dich.
Du sagst etwas - ich höre zu.
Oh nein, es reißt mich aus dem Schuh!

Ich fasse es nicht, ich will es nicht sein.
Doch ohne dich bin ich allein.
Ich treffe dich, was ist geschehen?
Ich hab den Morgenstern gesehen – (schön)

Vielleicht

Vielleicht ja, vielleicht nein,
ach, ich weiß es nicht genau!

Bist du mein, bist du sein,
was bist du für eine Frau?

Einmal hier, einmal dort,
du läufst mir nur immer fort.

Bleib mal stehen, halt mal an!
Du ziehst mich wie magisch an.

Ständig hin, ständig her,
bald ertrag ich das nicht mehr.

Geh nicht fort, bleib doch hier,
es ist doch ganz schön bei mir.

Montags mein, dienstags sein,
wir führen jetzt den Stundenplan ein!

Einmal hier, einmal dort,
dann rennst du mir nicht ständig fort!

Alte Freunde

Komm doch rein, bleib bloß nicht draußen stehen!
Komm doch rein, ich möchte dich wiedersehen!
Komm doch rein, tritt ruhig ein!
Komm doch rein, wir trinken ein Glas Wein!

Früher mal, da standen wir uns nah.
Früher mal, war für uns alles klar.
Früher mal, mochten wir uns gern sehen.
Früher mal, bliebst du nicht draußen stehen.

Doch dann kam der Krach, ging alles entzwei.
Wir trennten uns schnell, es war alles vorbei.
Wir wollten uns nicht mehr unsere Liebe gestehen,
wir dachten, wir könnten alleine bestehen!

Doch danach, da fühlten wir uns allein.
Doch danach, sollte nichts mehr wie früher sein.
Doch danach, spürte ich, ohne dich bin ich leer.
Doch danach , wusste ich, du gabst viel von dir her.

Komm doch rein, bleib bloß nicht draußen stehen!
Komm doch rein, wir haben uns lange nicht gesehen!
Komm doch rein, tritt ruhig ein!
Komm doch rein , wir trinken ein Glas Wein!

Ende einer Beziehung

Wohin gehst du? Warum gehst du fort?
War ich dir nicht genug, suchst du an einem anderen Ort?
Wir trafen uns und durften das erleben,
was wir für Liebe hielten, endlos aller Zeit.
Frei wie ein Adler in der Luft, und doch so gefangen.
Wir spürten es in aller Seligkeit.

Doch mit der Zeit erlöschen alle Feuer,
die ausgebrannt – verlieren ihre Kraft.
Ein Hauch von Kälte streicht über die Gefühle
und nimmt der Liebe dann auch langsam ihre Macht.
Du nimmst es wahr, doch ich will es nicht haben,
so reißt das Band, was einst uns eng umschlang.
Du gehst zurück, aber du möchtest es nicht sagen,
um nicht zu verletzen, was vorher dir alles war.

So stehen wir am Ende einer Leidenschaft,
die langsam Stück für Stück verrinnt,
doch eine Chance lässt für echte Liebe,
weil die jetzt tiefer neu beginnt.

Gedanken

über

uns...

Mensch

Wie ist ein Mensch - Wer kann`s verstehen?
Wer kennt sich aus - Wer tiefer sehen?

Ich sitze hier und träume vor mich hin.
Ich weiß doch, es hat alles einen Sinn.
Ich sehe die Menschen, laufen hin und her,
mich interessiert ihr Schicksal langsam immer mehr.

Der Mensch ist kompliziert, das wird mir heute klar.
Was ist nur Schein und was ist wirklich wahr?
Der Mensch ist schwierig, ich beginn das zu verstehen,
man kann nicht alles ihm von außen her ansehen.

Der Mensch ist eigen, das weiß ich schon lange Zeit.
Sein Dasein ist nur kurz und keine Ewigkeit.
Er wurschtelt sich durchs Leben, grad so wie er es kann.
Das macht doch jeder – egal ob Frau, ob Mann.

Ich sitze hier und träume vor mich hin.
Ich bin ein Mensch wie du, ich weiß, dass ich es bin.
Mal außen einfach – mal innen kompliziert.
Mal innen locker, außen dass das Blut gefriert!

Wie ist ein Mensch – wer kann`s verstehen?
Wer kennt sich aus – wer tiefer sehen?

Ich bin ein Mensch

Über die Straße gehen, frei in die Augen sehen,
ja, ich bin stark!
Worte wie Bälle jonglieren, mit Gefühlen wie Ware
hantieren, ja, ich bin stark!
Wer kommt noch gegen mich an, was hab ich noch nicht
getan, ja, ich bin stark!
Was kann man mit mir machen, worüber ich nicht würde
lachen, ja, ich bin stark!
Frühes Erwachen am Morgen, gleich über mir alle Sorgen,
ja, ich bin schwach!
Angst vor die Haustür zu gehen, Angst in die Welt zu sehen,
ja, ich bin schwach!
Wohin soll ich nur noch laufen, Mut kann man sich doch
nicht kaufen, ja, ich bin schwach!
Wie soll das denn weitergehen, wie soll ich mein Leben
bestehen? Ja, ich bin schwach!
Wechselnde Stimmung in mir, ich kann doch nichts dafür,
denn ich bin ein Mensch!
Fehler in Mengen mach ich, Unwissenheit schützt da nicht,
denn ich bin ein Mensch!
Läuft auch vieles nicht gut, schöpf ich doch neuen Mut,
denn ich bin ein Mensch!
Schwäche und Stärke als Feind - und auch in mir stets
vereint,
denn, ich bin ein Mensch!

Gegensätze

Der eine liebt Klassik.
Der andere Rock`n Roll.
Verlier nicht die Fassung, nimm es würdevoll!

Der eine mag es rockig,
der andere klassisch.
Man langweilt sich nie, die Mischung ist rassig.

Hüftschwungtanz

Schlaft ihr schon? Braucht ihr Bewegung?
Hey Leute alle aufgewacht.
Ich hab euch etwas mitgebracht, den neuen
Hüftschwungtanz.
Von Norden bis nach Süden sieht man alle üben.

Das Becken leicht nach rechts jetzt drehen, dabei auf den
Spitzen stehen.
Das Ganze jetzt nach links sich dreht, ihr werdet sehn wie
gut das geht.
Die Schultern rollen auch im Kreis, die Arme in die Höhe.

Hey Leute, könnt ihrs schon, oder wollt ihr noch mal üben?

Die Schultern rollen, die Hüfte drehen, die Arme ganz weit
hoch,
dabei noch auf den Spitzen stehen, seht ihr, ihr könnt es
doch!

Jetzt Leute aufgepasst, jetzt wird es schwer!

Das rechte Bein nach außen geht, das linke hinterher.
Das Becken sich noch stärker dreht, die Schulter rollt,
die Arme ganz weit hoch.

Das ist der neue Hüftschwungtanz,
seht ihr, ihr könnt es doch!

Einmal stoppen

Einmal stoppen,
sich mal umsehen,
einmal testen,
wo geht's lang.
Machst du es richtig,
das ist sicher,
dann der ganz, ganz große Fang!

In der Liebe muss man testen, sich oft prüfen, korrigieren
hat die Hoffung, man macht es richtig, will nicht ständig
ausprobieren.

Auch im Leben muss man fragen, sich oft prüfen, möchte
ruhen.
Doch man läuft dann immer weiter, ständig weiter, muss
was tun.

Sucht ein Ziel sich, möchte es greifen, es entschwindet, läuft
leicht fort.
Auf diesem Weg dann soll man rasten, vielleicht ist es hier,
vielleicht ist es dort.

Einfach so

Einfach locker das Auto lenken.
Einfach zum Spaß Rollschuh fahren.
Einfach aus Liebe Blumen schenken.

Das Leben ist schön,
wenn wir es richtig sehen.
Das Leben ist schwer,
wollen wir immer mehr.

Einfach langsam den Eiskaffee trinken.
Einfach so durch die Straßen gehen.
Einfach nur in Gedanken versinken.
Einfach ganz zu sich selber stehen.
Einfach den Menschen freundlich zuwinken.

Einfach so!

Einfach bei Trauer auch richtig weinen.
Einfach im Zorn einmal richtig toben.
Einfach alles sagen , was wir auch meinen.
Einfach uns auch einmal selber loben.
Einfach die Freuden sehen auch die kleinen .

Wenn.....

Wenn zwischen den Zeilen Geschichten entstehen
und Bilder sich langsam entfalten,
wenn in diesen Reihen die Zeiten vergehen,
ist der Zeitpunkt einmal anzuhalten.

Wenn aus diesen Träumen Figuren aufstehen
und fangen mit dir an zu tanzen,
dann halte sie fest, lass die Zeit nicht vergehen,

versuche einen Baum einzupflanzen.

Bewahre ihn gut als Erinnerungsstück,
lass Pflege ihm stets angedeihen,
und tanzen Figuren dann um ihn herum,
dann schließe dich ein in die Reihen!

Ballspielen verboten

Wir feiern jedes Jahr den Tag des Kindes!
Und kümmern uns um Not und Leid der Welt.
Doch vor der Haustür sehen wir das ganz anders,
weil uns das Ballspiel dort oft nicht gefällt!

Ballspielen verboten!
Bitte macht doch keinen Krach!
Ruhe halten geboten!
Es sind Erwachsene unter dem Dach,
und die sind empfindlich!

Wir unterliegen alle einer Ordnung,
von Menschenhand gemacht und nicht perfekt.
Die Kinder fragen uns oft, was soll das sein?
Den Stein der Weisen habt ihr nicht entdeckt!

Ballspielen verboten!
Stellt kein Fahrrad vor die Tür!
Ruhe halten geboten!
Schaut auf das Schild, es hängt doch hier!
Und das ist amtlich!

Wir Kinder haben auch das Recht auf Freiheit.
Unsere Entwicklung wird total gehemmt.
Wir möchten stark sein, wenn wir groß sind, wie ihr seid!
Aber so – so werden wir doch nur verklemmt!

Ratschläge einer Mutter

Du darfst singen, du darfst lachen,
auch mal Riesensprünge machen.
Nur weinen sollst du nicht!
Nur hassen sollst du nicht!
So möchte ich dich sehen vergnügt durchs Leben gehen.

Du darfst lieben, du darfst schweben,
fühl dich wohl in deinem Leben.
Nur weinen sollst du nicht!
Nur hassen sollst du nicht!
So kannst du vorwärts schauen auf meine Worte bauen.

Du darfst atmen, du darfst fühlen,
auch mal tief in Arbeit wühlen.
Nur weinen sollst du nicht!
Nur hassen sollst du nicht!
So möchte ich dich sehen auch in die Zukunft gehen.

Du darfst prüfen, korrigieren,
deinen eigenen Weg riskieren.
Nur weinen sollst du nicht!
Nur hassen sollst du nicht!
Vielleicht wirst du verstehen den rechten Weg zu gehen.

Du darfst planen, darfst verlieren,
alles selber ausprobieren.

Vielleicht darf ich dann sehen den besten Weg dich gehen!

Erinnerung an Evelyn

Ein Traum erlischt,
        vorbei,
            versunken.

Zwei Augen zu,
          sag mir warum?

Zwei dunkle Augen,
            im Schlaf ertrunken,

waren kaum geöffnet, der Mund ist stumm.

Im Herzen bewahrt,
           seit vielen Jahren,

bleibt unvergessen ein Bild bestehen.

Ganz klarer Strich sollte es bewahren,
die Zeit verwischt ihn, wer kann es verstehen?

Ahmed steh auf

Ahmed, steh auf, bei uns brennt das Haus.
Ahmed, steh auf, ich traue mich nicht raus.
Ahmed, steh auf, die Kinder sind klein,
du bist der Mann, musst unser Schutzwall sein.

Ahmed, schau raus, da sind Leute vor der Tür.
Ahmed, schau raus, sind das Freunde von dir?
Ahmed, sag mir, was haben wir denn getan,
ist das der neue Anfang, glaubst du wirklich daran?

Ahmed, sag mir, was ist anders als zu Haus,
ist das denn kein Krieg, schau doch nur raus.
Ahmed, sag mir, was soll hier denn anders sein,
schau, der Stein flog durchs Fenster, genau wie daheim.

Ahmed, glaubst du noch, hier zu leben das ist gut.
Ahmed, glaubst du noch, Kinder finden neuen Mut?
Ahmed, ich hab Angst, bitte hilf mir zu vergessen,
das, warum wir hier, was wir einst einmal besessen.

Ahmed, steh auf, bei uns brennt das Haus.
Ahmed, steh auf, ich traue mich nicht raus.
Ahmed, steh auf, die Kinder sind klein,
du bist der Mann, musst unser Schutzwall sein.

Mutters Emanzipationsphase

Riesengerangel am Tisch.
Große Augen selbst bei den Kleinsten.

Da steht ja tatsächlich nur Fisch!
Das gibt es doch in gar keinem Falle.
Ist denn das Geld etwa alle?

Eisernes Schweigen am Tisch,
den Kindern verschlägt es die Sprache,
in den Augenwinkeln der Fisch!

Der Vater denkt - sind wir denn pleite?
Dabei ist doch heute erst der Zweite!

Hochstimmung jetzt am Tisch,
die Mutter vollemanzipiert!

Euch reicht mal `ne Weile der Fisch!
Ich muss jetzt dastehen wie eine Dame.

Ich bewerbe mich bei der Reklame!

Pass bloß auf

Pass bloß auf und achte drauf,
denn clever sein ist heute gefragt.

Schon wenn ich morgens aufstehe,
dann weiß ich ganz genau,
heut will man mich überfahren,
ganz besonders heut als Frau.

Ich muss geschickt agieren,
nehme meine Waffen dann als Frau.
Ich sollte klug taktieren, Intuition ist, worauf ich bau.

Männer agieren sachlich, Vernunft ist obenauf.
Frauen taktieren weiblich und setzen noch eins drauf.

Wenn der Tag dann ist verklungen, ich bin müde,
mir ist flau, will ich wissen, ob es mir gelungen,
denn ich bleibe eine Frau!

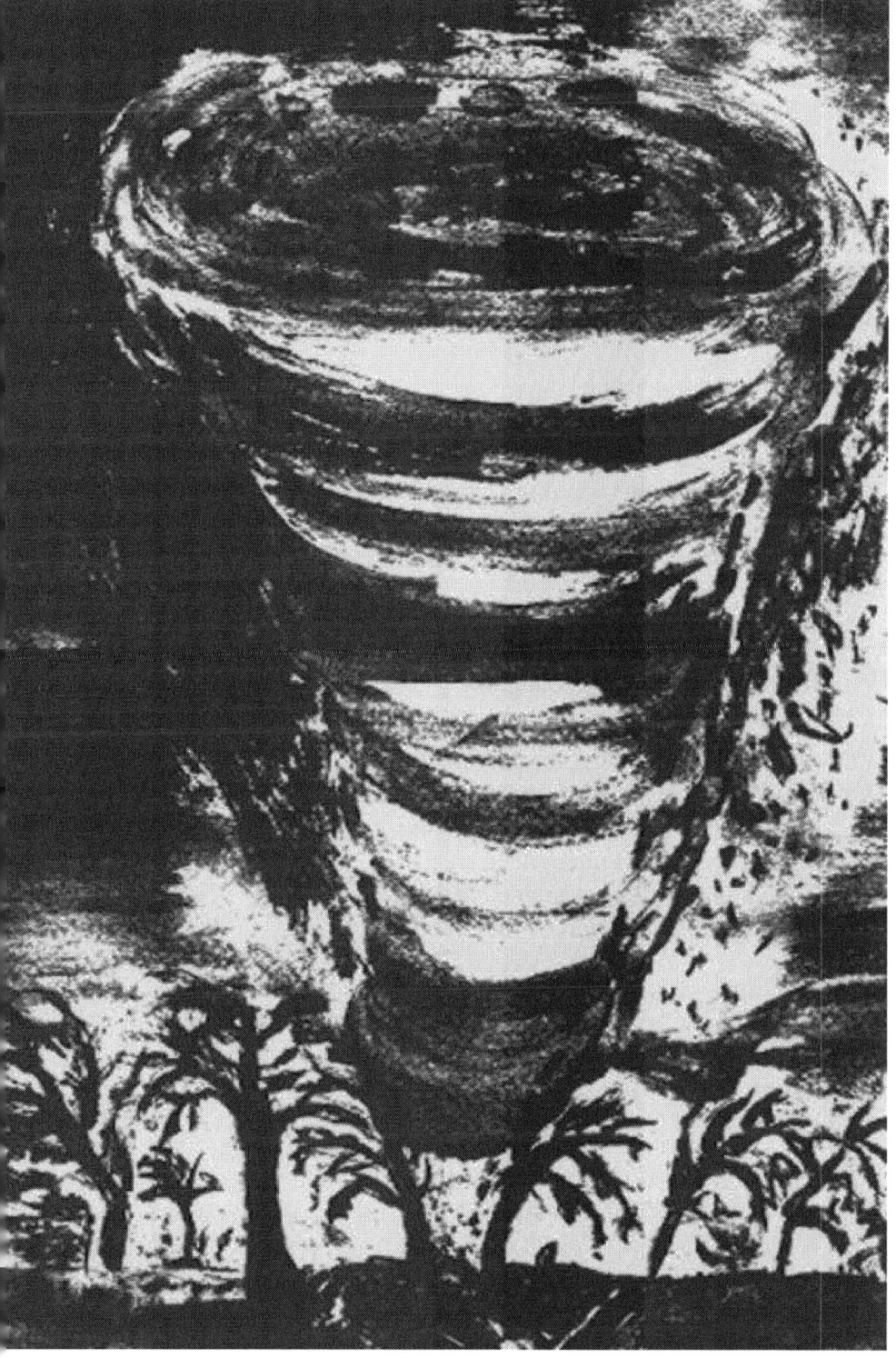

Hausbesuch

Wenn es vorne zwickt und hinten reißt,
den Arm hochläuft und sich verbeißt
und langsam wieder runterfällt, dann
wird der Doktor herbestellt.

Er sieht es an mit Kennerblick
Und denkt sich," der hat wohl nen Tick."
Die Diagnose er dann stellt:.
„ So ist es, wenn uns das Rheuma überfällt!"

„Mein Gott, sie hat es aber auch erwischt!"

Ja, darauf ist der Patient erpicht.

„Ich schreibe eine Salbe auf,
die schmieren sie dann öfter drauf.
Dann wird der Schmerz auch schnell kuriert.
Doch beachten sie wie eingerieben wird.
Von unten nach oben, nicht umgekehrt,
sonst wird die Heilung noch erschwert.
Ich komme morgen noch einmal
und sehe nach meinem" schweren Fall!"

Der Patient jetzt ganz zufrieden lacht.

Der Doktor ist gut, er hat es richtig gemacht.

Klatsch und Tratsch

Wenn hinter den Gardinen sich Menschen verstecken
und den üblichen Tratsch und Klatsch über andere
aushecken, dann steht man darüber,
ich würde sagen – meilenweit!
Denn niemand von uns ist gegen Dummheit gefeit.

Wenn hinter den Gardinen sich der Unmut macht breit,
da lacht jemand drüber, das geht wirklich zu weit,
dann stehe ich darüber –
ich würde sagen – meilenweit!
Denn niemand von uns ist gegen Neid gefeit!

Wenn hinter den Gardinen fängt der Zorn an zu wachsen,
da rennt jemand rum, der macht nur blöde Faxen,
dann stehe ich darüber –
ich würde sagen - meilenweit!
„ Es war mir eine Ehre, es hat mich gefreut."

Mit dem verkehrten Fuß zuerst geboren

Ein Bein,   ein Schrei,

      hier bin ich !

Es ist kalt,   es ist nass,

      ich will nicht!

Der Weg zurück ist mir versperrt,

      ich kam wohl irgendwie verkehrt!

Träume

bewahren

Und noch ein wenn...

Wenn in dieser Zeit noch ein Traum sich bewahrt,
ist er sicher nicht leicht zu verstehen.
Er ist dann bestimmt von besonderer Art.
Halt ihn fest, lass ihn nicht weitergehen!

Wenn in dieser Zeit noch Gefühl sich erhält,
durch Kommerz und durch Geld nicht verjagt wird.
Dann erlebt man das selten – bestimmt nicht sehr oft,
es ist wichtig, dass das dann bewahrt wird.

Wenn in dieser Zeit noch Momente entstehen,
voll von Träumen und guten Gefühlen.
Dann lässt sich viel besser der Stress überstehen,
statt ständig im Geld rumzuwühlen.

Irgendwie Irgendwann Irgendwo

Irgendwie sollten wir uns zusammenfinden.
Irgendwie müssen wir das Richtige verbinden.
Irgendwie möchten wir uns zusammenraufen.
Es gibt Dinge, die kann man nun einmal nicht kaufen.
Irgendwie Irgendwann Irgendwo!

Irgendwann sollten wir uns die Zeit einfach stehlen.
Irgendwann sollten wir den richtigen Zeitpunkt wählen.
Irgendwann sollten wir unser Glück versuchen.
Irgendwann können wir vielleicht Erfolg verbuchen.
Irgendwie Irgendwann Irgendwo!

Irgendwo werden sich unsere Schritte verstehen.
Irgendwo werden wir dann richtige Wege gehen.
Irgendwo werden wir es dann endlich schaffen.
Irgendwo müssen wir unseren Mut zusammenraffen.
Irgendwie Irgendwann Irgendwo!

Irgendwie werden wir unsere Rechnung begleichen.
Irgendwann werden wir das bestimmt erreichen.
Irgendwo ist die Frage, ob hier ob dort.

Irgendwie, Irgendwann, Irgendwo ist die Art und die Weise
und die Zeit und der Ort!

Gefühle

Ich sehe hinab und weiß, es ist zu spät,
zu spät zu gehen, zu spät zu stehen, zu früh zu sterben.

Ich sehe hinauf und weiß, was dort ich sehe,
ist viel zu lieb, ist viel zu sanft, um zu vergessen.

Ich sehe zurück und weiß, was dort ich sah,
war viel zu stark, zu intensiv um nicht zu trauern.

Ich sehe nach vorn und weiß, was dort ich sehe,
ist richtig nun, zu interessant um zu bedauern.

Sprache der Welt

Blicke kreuzen sich, erwecken Gefühle.
Ein Funke springt über – ich weiß nicht warum.
Das ist die Sprache der Welt, braucht keine Worte.
Lässt uns über Grenzen gehen, weil sie es drüben
auch verstehen.

Mütter der Welt!
Verbündet euch, kämpft für den Frieden.
Schützt eure Kinder!
Zieht alle an einem Strang.
Tauscht eure Blicke!
Sprecht die Sprache dieser Welt,
dann kommt niemand gegen euch an!

Alle, die hilflos dieser Welt zum Opfer fallen,
verbrüdert euch in dieser großen Macht!
Zuerst keine Worte, tauscht eure Blicke,
und dann schreit gemeinsam auf,
damit der Rest davon erwacht!

Schaut auf die Kinder aller Rassen,
die Worte gar nicht brauchen, um sich zu verstehen.
Blicke genügen da, um zu begreifen.
Wir würden viel mehr auf der anderen Seite sehen .

Jaguar E-Typ
Späte Verwirklichung eines
Lebenstraums

Vorne lang und hinten kurz,

        so steht er glänzend in der Gasse.

Dem Rentner wird es angst und bange,

        denkt er an seine magere Kasse.

Die Wechsel dauern viel zu lange,

        und sind auch viel zu hoch.

„Was soll `s – zum Teufel – ich schaff das schon,

        so lange lebe ich noch!"

Die Welle

Ich sitze am Strand, ich schaue in die Welle,
die auf mich zukommt, hocherhobenen Hauptes voller
Kraft.
Doch sie bricht immer an der höchsten Stelle,
gelenkt von einer unsichtbaren Macht.

Und über mir der Himmel schlägt den Bogen,
der meine Sinne trägt auf Sternen hin zu dir.
Die Worte waren es, vor langer Zeit gelogen,
die dich brachten in ein fremdes Land ,
weit weg von mir.

Dies ist der Platz der Hoffnung, wo wir oft gefangen,
vereint im Wellenspiel, geborgen in der Nacht.
Wo meine Seele hat die Chance zu dir zu gelangen,
gelenkt von dieser unsichtbaren Macht.

Gefühle stellen Weichen, versuchen über Sterne zu gehen,
ob sie dich je erreichen, das liegt an dir, wirst du sie sehen?
Gedanken sind jetzt auf der Suche nach einem Stück
von dir,
du musst sie dann nur noch erkennen,
das ist die Seelenbindung dann zu mir!

Arthur

Ich heiße Arthur, mein Planet zieht seine Bahn.
Alle zehn Jahre komme ich bei euch an.

Ich sehe dann immer zur Erde hinauf,
schon mit Schrecken, warum kommt ihr nicht selber drauf?
Da ist Hunger, Verwüstung, schmutzige Luft.
Was soll das geben, eine Gruft?

Ich heiße Arthur, komme vom Planeten Ragtan.
Was fangt ihr mit eurem Leben an?

Ich sehe nur Hass und Krieg, Überheblichkeit,
wo wollt ihr hin, da kommt ihr nicht weit.
Es wird zu spät, ihr müsst euch drehen!
Ich schreie ganz laut, wollt ihr nicht verstehen?

Ich heiße Arthur, ich bin euer Freund.
Mein Rat, der ist bestimmt gut gemeint.

Handelt schnell, die Bombe tickt!
Ihr seid fast schon im Schlamassel verstrickt.
Ihr braucht Wasser und Luft, haltet es rein
Und dämmt doch den Hass und die Kriege ein.

Ich heiße Arthur, mein Planet zieht seine Bahn.
Bis bald in zehn Jahren, ich glaube daran!

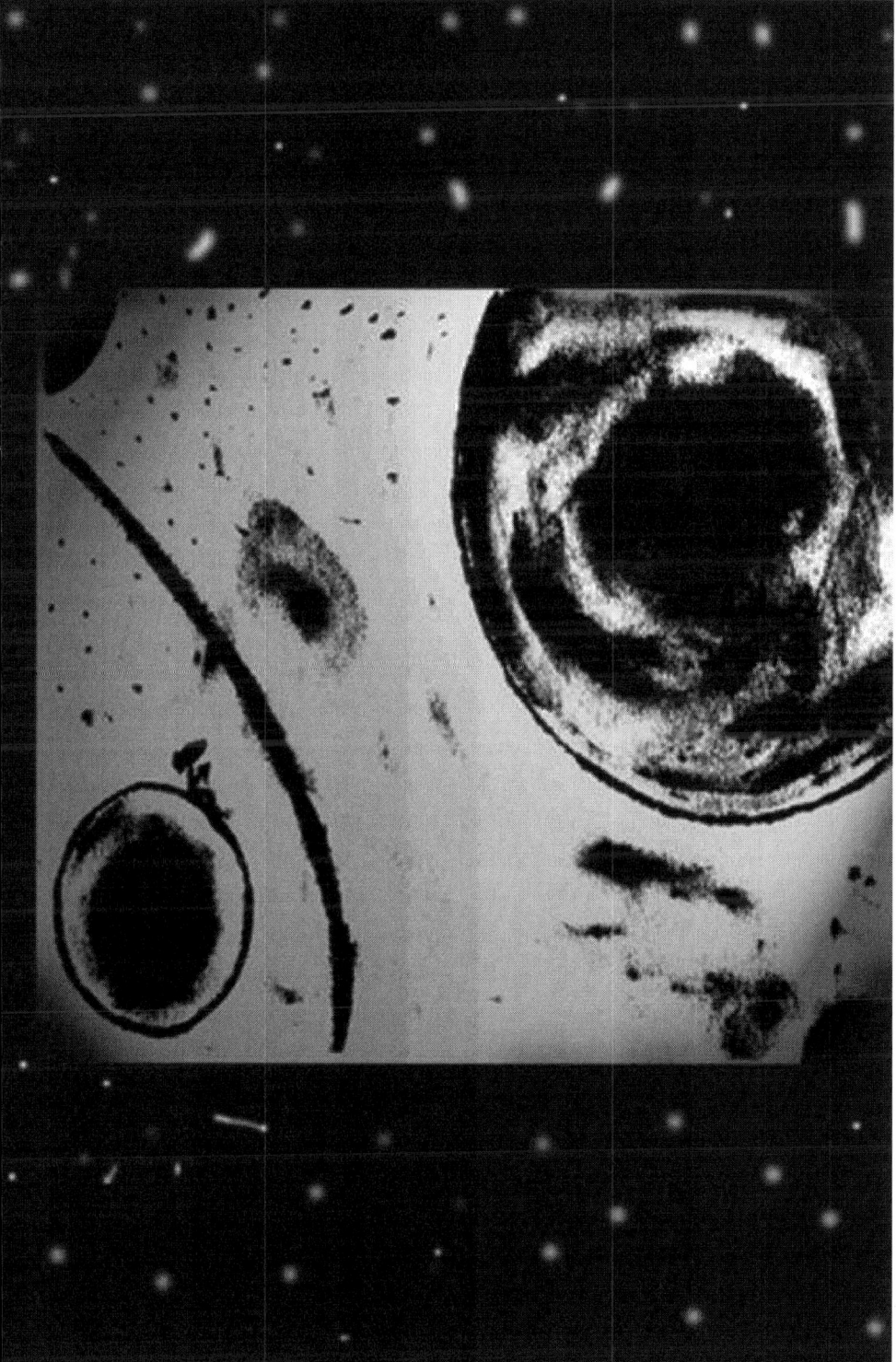

Man rackert und schuftet

Man rackert und schuftet,
fragt sich oft, wo will ich hin?
Schaut zur Seite, fragt, was ist das?
Sieht sein Leben vorüberziehen!

Nichts als Arbeit, nichts als Ärger!
Wo ist hier denn noch der Sinn?
Nur das Schöne sieht man ständig,
seitwärts schnell vorübergehen!

Mach den Schritt auch mal zur Seite,
lass die Arbeit, Arbeit sein!
Du musst leben, musst dich freuen,
musst auch mal du selber sein!

Man rackert und schuftet,
fragt sich oft, wo will ich hin?
Schaut zur Seite, fragt, was ist das?
Sieht sein Leben vorüberziehen!

Vieles Schöne, massig Freude,
ist dann vor dir, Stein auf Stein.
Diese Treppe wollen wir gehen,
können uns dadurch befreien!

Ein neuer Tag

Der Nebel reißt, die Sonne scheint.
Dies ist ein neuer Tag, jetzt sind wir bald vereint.

Ein neuer Tag, ein neues Spiel,
möglich ist wenig, möglich ist aber auch viel.

Ein neuer Tag, ein neues Spiel.
Es ist ein Spiel, wie ich es gerne spielen will!
Wir sehen nach vorne, was bringt der Tag?
Egal, was kommt, ich glaube, dass ich es mag!

Ein neuer Tag, ein neues Spiel,
möglich ist wenig, möglich ist aber auch viel.

Jetzt sind wir frei, die Schatten fliehen,
der Weg liegt vor uns, den wir gerne weiterziehen.

Ein neuer Tag, ein neues Spiel,
möglich ist wenig, möglich ist aber auch viel.

Ich sehe das Licht, die Nacht versinkt.
Dies ist ein neuer Tag, mal sehen, was er uns bringt!

Ein kalter Hauch

Ein kalter Hauch zieht durch die Welt
Du spürst ihn - wo immer du auch gehst!
Die Leistung ist gefragt – und Geld!
Wer bist du, dass du das nicht gleich verstehst?
Schon in der Schule lernt man zu verstehen,
sei der Schnellste, der Klügste, sei stark!
Das braucht man um durch das Leben
zu gehen!
Wozu Wärme? Die sowieso keiner mag!
Wir lernen sehr früh – unser Leben ist hart.
Was zählt ist Leistung – Erfolg der gilt!

Doch manchmal da drinnen –
- da flackert es ganz zart.
Da rührt sich was – entsteht ein anderes Bild!
Wie schön wäre es mit Wärme – und mit Toleranz.
Den Schwächeren helfen –
- mit Menschlichkeit.
Hätten wir alle diese Akzeptanz,
könnten wir offen sein – unser Herz
würde weit!
Wir könnten ganz anders als heute leben,
auch mit Leistung – aber ohne Streit!
Wir könnten viel höhere Ziele anstreben,
und wären am Ende doppelt so weit!

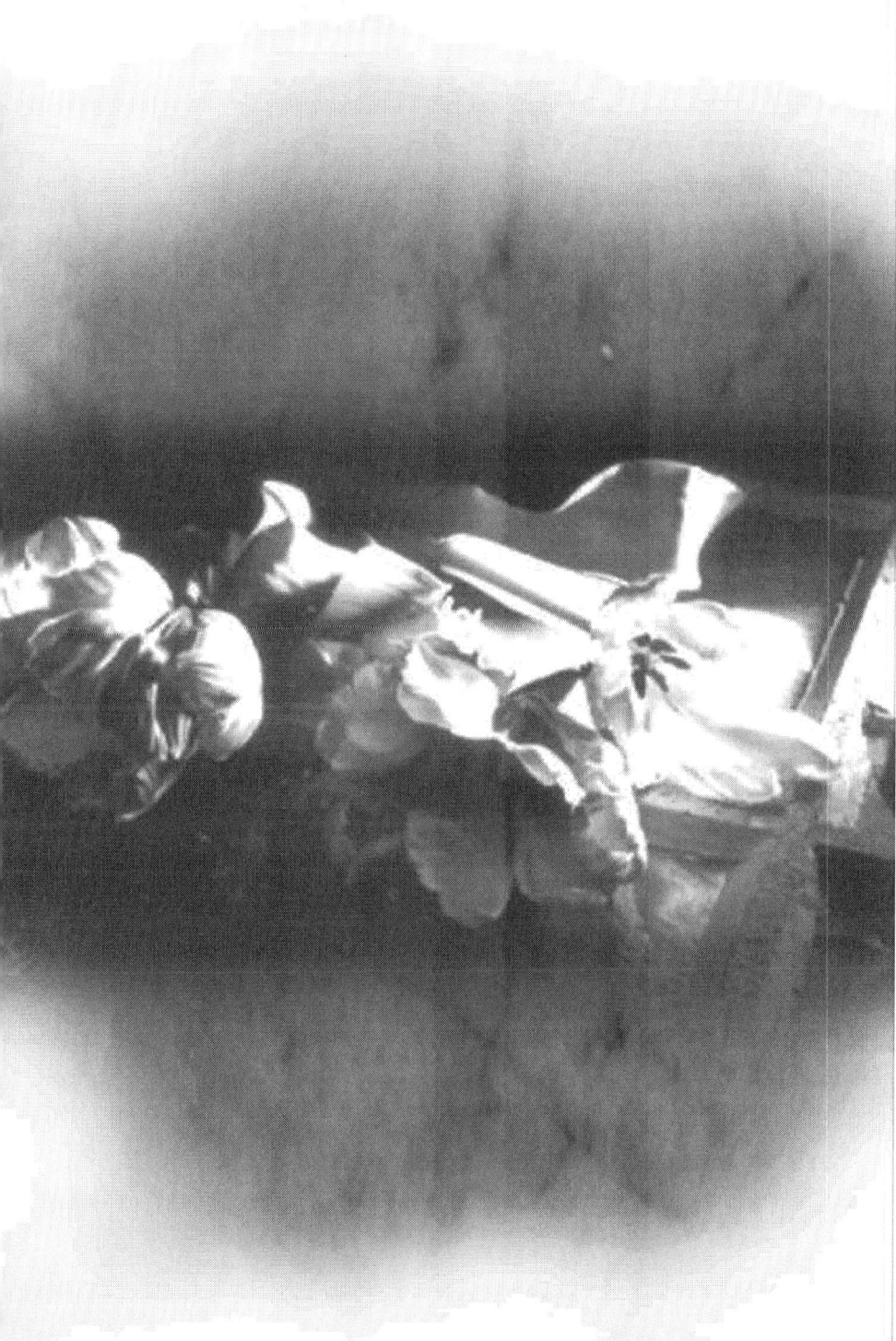

Gedanken

zur
Zeit,

so oder so

Gedanken zur Zeit

Dem einen wird die Zeit zu lang, gefragt ist Geduld.
Sekunden werden zur Ewigkeit, das Schicksal ist schuld.
Dem anderen ist die Zeit zu kurz, sie läuft ihm schnell fort.
Er denkt schon an den Schluss, bald ist er dort.

So kommen wir schon auf die Welt,
die Zeit vorgegeben.
Sie zu verteilen auf die richtige Art,
heißt sinnvoll erleben.

Es gibt hier auf der Erde ein Limit, das ist unsere Zeit,
entscheidet den Wechsel in die Ewigkeit.

Nimm dir die Freiheit,
sei zu allem bereit!

Denn in der Ewigkeit,
kennt man keine Zeit!

1. September

Zwölf Uhr nachts, ein Tag ist vorbei,

heute ist 1. September – gestern Tod von Lady Die.

Geprägt von Sensationslust – ein Ende mit Graus!

Die Welt geschockt,

in Trauer,

heute – wieder die üblichen Verkehrsstaus....

Sonnenfinsternis

Spannung im Lande, die Vögel sehr still,
mulmige Gefühle überdecken das Land!

Der Hund der jault, etwas sagen will.
Leichte Ängste entstehen, kommen nicht vom Verstand.

Halb so wild – sagt die Wissenschaft,
da ist nur die Sonne vom Mond ganz bedeckt.
Nur – forscht man gewissenhaft?
Denk ich, oder hat man die Hälfte noch nicht entdeckt?

Schutzbrille, zum Billigpreis,
damit man gefahrlos das Schauspiel auch sieht.
Doch – fehlerhaft, soviel ich weiß.
Macht nichts, die Wolke schützt, die jetzt davor zieht!

Sonnenfinsternis, Schauspiel im All,
zeigt unsere Ohnmacht im großen Weltgeschehen.
Faszination, auf jeden Fall,
Applaus, einem Schöpfer, der dies ließ entstehen!

Hale Bopp

Wir haben jetzt wieder Gänsehautzeit,
ein Komet hat im All sich verirrt.
Er fliegt Richtung Erde, man weiß nicht,
wie weit er vorüberschwirrt.
Wir lernen uns wieder normal zu sehen,
wie machtlos wir eigentlich sind,
wenn ein Klumpen aus Eis in unsere Richtung
marschiert - unbeirrbar durch Strahlen und Wind.

Er ist viel zu dick, wird die Erde zerstören,
wenn er bleibt in der Bahn in der er fliegt.
Doch bis jetzt hat noch immer die größere Macht,
die Gefahr aus dem Weltraum besiegt.

Wir haben jetzt wieder Gänsehautzeit,
ein Komet ist am Himmel zu sehen.
Er hat einen Namen, heißt „Hale Bopp",
und ich möchte danach noch hier stehen.

Mammutbaum

Seit viertausend Jahren stehe ich hier, schaue in die Welt.
Ich kann nicht sagen, dass mir alles gefällt.

Bin zwölf Meter dick, hundertdreißig Meter hoch,
trotz Kriege und Katastrophen lebe ich immer noch.

Doch jetzt höre ich die Sägen, die werden mich vernichten,
von mir liest man dann nur noch in Geschichten!

Lebensraum Erde

Gott schuf die Erde in sechs Tagen.
Vielleicht sollten wir uns jetzt einmal fragen,
was er sich dachte, was fiel ihm ein?
Er schuf das Meer, die Erde, den Stein,
und wir, wir schlagen alles kurz und klein.
Er schuf den Menschen als höchstes Wesen,
gab ihm Auftrag zu schützen alles um sich herum.
Hat er vielleicht den Verstand vergessen?
Oder warum sind wir so schrecklich dumm?
Wir zerstören den Wald, das Meer, die Atmosphäre.
Fragen wir uns denn nie, was am Schluss denn dann wäre?
Das ist unser Aus, dann gehen wir ein!
Das darf doch wirklich nicht das Ende sein.
Sollten wir uns jetzt nicht langsam besinnen
und nicht lassen Jahre um Jahre verrinnen?
Wir sollten jetzt endlich beginnen zu handeln,
vielleicht können wir doch noch etwas wandeln.
Unsere Enkel möchten leben, haben auch ein Recht darauf.
Möchten atmen, möchten lieben, wir tun das ja schließlich
auch.
Darum müssen wir erwachen,
müssen endlich etwas machen,
müssen aufhören zu zerstören.

Vielleicht bleibt Lebensraum erhalten,
den unsere Enkel dann verwalten!

Soziale Ungerechtigkeit

Es zählen Geschäfte, es gilt nur Profit.
Jeder Mensch träumt von Wohlstand und Reichtum,
soviel wir auch sammeln, wir nehmen nichts mit,
denn am Schluss ist kein Platz für Besitztum!

Es gilt Überleben, es zählt ein Stück Brot.
Jeder Mensch träumt vom Schlaf „nach" dem Essen,
soviel du auch kämpfst, du schaffst es doch nicht,
bist erbost - ist das denn vermessen?

Die Welt spricht von Gleichheit, ein Mensch ist kein Tier.
Bin ich wirklich noch menschlich im Notstand?
Soviel ich auch hungere, soviel ich auch friere,
trage ich es noch mit Würde und Anstand?

Die Welt sollte teilen, jeder Mensch hat Verstand.
Die Armut muss man besiegen!
Denn wenn nichts passiert - nicht bald was geschieht -
hilft nichts mehr, es führt nur zu Kriegen!

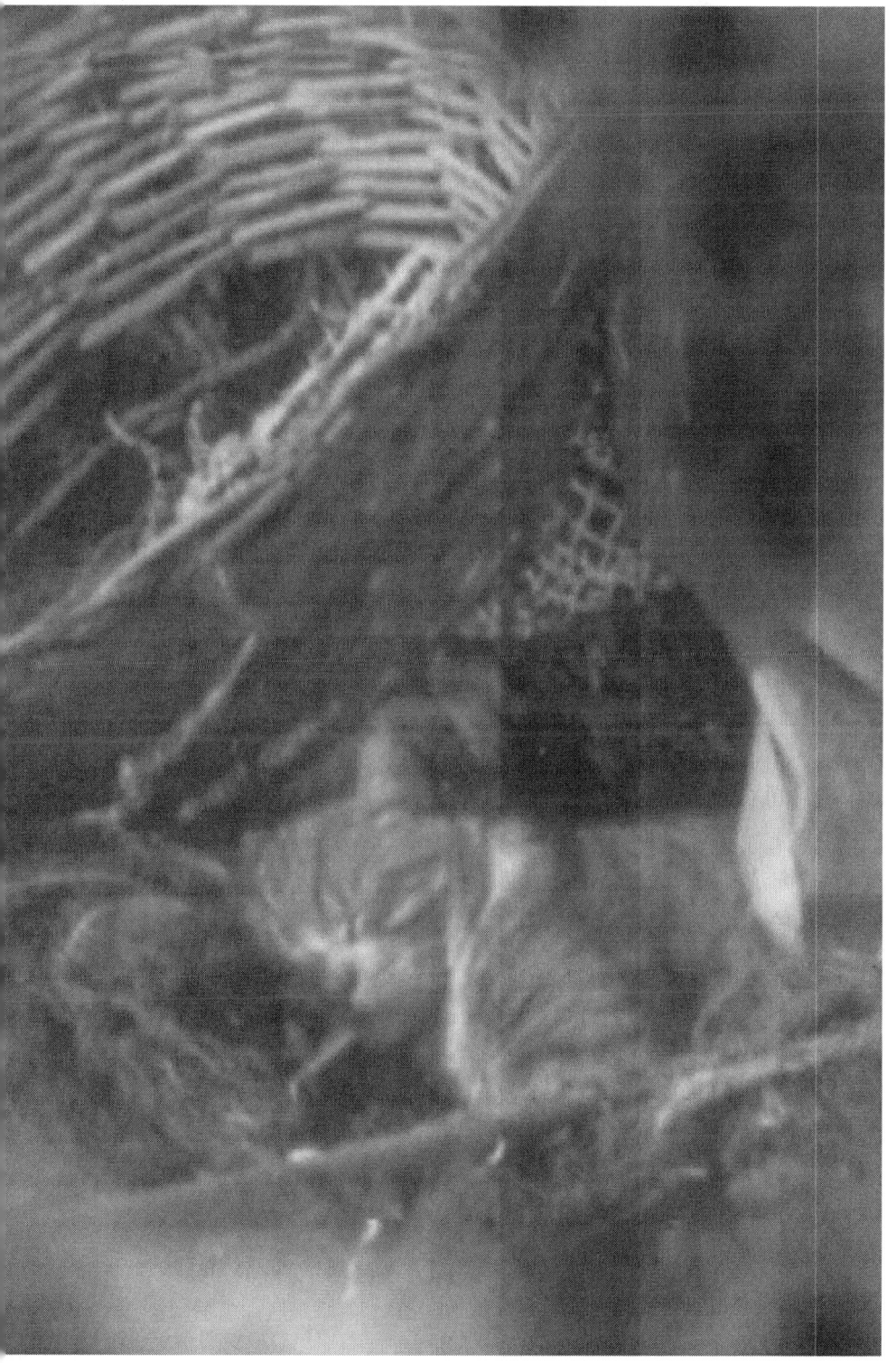

Gedanken zur Expo 2000

Glaubst du denn wirklich, es ist alles klar?
Weil nichts mehr so ist, wie es früher einmal war.

Glaubst du denn wirklich, du bist so modern?
Hast alles begriffen, siehst immer den Kern?

Glaubst du denn wirklich die Technik bringt nur Fortschritt?

Siehst du denn nicht, wie das Leben oft zurücktritt?

Glaubst du denn wirklich Gefühle sind out?

Wo ein Mensch noch ein Mensch ist,
der dem anderen vertraut?

Dann muss ich dir sagen,
ich glaube nicht daran!
Ich baue auf Gefühle,
der Fortschritt kommt erst dann!

Rückkehr

Er kam aus dem Osten, er wollte nach Haus,
versuchte die Wurzeln zu finden.
Die Eltern reisten einmal aus,
um in der Ferne sich neu zu verbinden.
Er lebte im Osten, er wurde dort groß.
Sein Name zeigt die Liebe zum Lande.
Doch der Nachname war in der Heimat geboren,
bewies die Herkunft, für den der ihn kannte.
Er liebte das Neue, weil es alt für ihn war.
War dort geboren, es war seine Heimat.
Doch für die anderen kam er aus dem fremden Land,
das sie nicht liebten, weil es mal ihr Feind war.

Und so wuchs er dort auf, wurde als Feind angesehen,
in dem Land, das er liebte weil es seins war.
Doch er fand nie die Wurzeln, fand nie zu sich selbst,
war verloren, weil es für ihn keins war!

Er kam aus dem Osten, er wollte nach Haus.
Versuchte die Wurzeln zu finden.
Die Eltern reisten einmal aus,
um in der Ferne sich neu zu verbinden.

Phantasiereisen

Lass uns vergessen

Ich schaue den Himmel an und fühle die Freiheit.
Ich sehe die Wolken ziehen und fühle mich gut.
Ich spüre die Sonne, mit all ihrer Feinheit.
Solange es sie noch gibt, da habe ich Mut.

Lass uns vergessen,
was uns bedrückt,
schau in die Sonne,
die Bilder verrückt.

Ich sehe den Vögeln nach, möchte gerne mitziehen.
Ich fasse die Knospen an, die wachsen voller Kraft.
Ich gehe ans Wasser, will daran hinknien.
Möchte mich im Spiegel sehen, was er aus mir macht.

Ich sehe den Wolken nach, die langsam verschwinden.
Ich fühle den neuen Tag, schau, wie er beginnt.
Ich gehe aus der Nacht, will klar es empfinden,
wie die Schatten sich senken, das Schwarze versinkt.

Lass uns vergessen,
was uns bedrückt,
schau in die Sonne,
die Bilder verrückt.

Unbekannte Dimensionen

Durch mich hindurch nimmst du es wahr,
ein Leben, weit entfernt von deinen Wellen.
Du glaubst es nicht, doch es ist da.
Es ist wie Schlittenfahrt und Hundebellen.
Es ist kurios, und doch ein anderes Leben.
Warum auch nicht, warum soll es das nicht
geben?

Durch mich hindurch, kannst du es hören,
ein Lied nur weit entfernt von deinen Tönen.
Es ist wie Engels - Teufelsklang,
es scheint dich manchmal zu verhöhnen.
Es ist sehr fremd und doch von schönem
Klange.
Warum auch nicht, warum wird dir dann bange?

Durch mich hindurch spürst du es zart,
Gefühle, weit entfernt, noch nie empfunden.
Du glaubst es nicht, doch es ist wahr,
du fühltest dich noch nie so sehr verbunden.
Es ist dir neu, und doch fühlst du dich wohl.
Warum auch nicht, wenn es so kommen soll?

(Lebens) Weg

Ich stehe hier am Anfang eines Tales,
das groß und weit und sonnenreich dort ruht.
Hier das Ergebnis eines Marsches,
der lang und hart, und doch gab er mir Mut.
Er führte mich in neue Dimensionen,
die manchmal fremd und angstumworben sind.
Doch dann am Ende ist die Hoffnung,
ich gehe drauf zu und spüre es wie ein Kind.
Ich stehe hier inmitten eines Tales,
die Sonne flutet es, es ist ganz hell.
Hat sich gelohnt, der Weg, der schmale,
trotz balancieren ging es dann ganz schnell.

Mittag

Zwölf Uhr Mittag – Glockenschlag,

so klingt es von London bis Den Haag

Zwölf Uhr Mittag - ein Böllerschuss,

du weißt, dass du jetzt in Nizza sein musst.

Die Uhr schlägt zweimal, die Zeit steht still,

jetzt bist du am Haus in Loxeville!

In eigener Sache

Wenn von dem was ich meine,
nur ein Teil euch erreicht,
dann bin ich schon mehr als zufrieden.
Dann war ich vielleicht nicht zu locker, zu seicht,
hab die Tiefe nicht zu sehr gemieden.

Wenn von dem was ich schreibe,
nur ein Teil wird bedacht,
dann lohnt sich die Arbeit, die Mühe,
dann bin ich bestimmt nicht umsonst aufgewacht,
wenn ich schreibe schon oft in der Frühe.

Wenn von dem was ich spüre,
nur ein Stück uns vereint,
dann baue ich gern auf Gefühle.
Das ist es, was mir notwendig erscheint,
in der Zeit voller Hektik und Kühle!